석양빛 아름다운 하늘

| 김숙한 시집 |

몽트

석양빛 아름다운 하늘

지은이 | 김숙한
편 집 | 황인우

초판 인쇄일 | 2014년 5월 3일
초판 발행일 | 2014년 5월 3일
펴낸이 | 김미희
펴낸곳 | 몽트
전 화 | 031-501-2322 | 010-7270-6976
팩 스 | 031-501-2321
이메일 | memento33@hanmail.net

출판등록 | 2012.12.18. 제251-2012-65호
ISBN 978-89-6989-0085
책 값 | 12,000원

석양빛 아름다운 하늘

|김숙한 시집|

몽트

시인의 말

꿈의 부스러기를 주으며

한여름 장마가 걷히던 날, 저녁밥을 지으려다가 석양빛이 아름다운 하늘을 발견하였습니다. 그 빛에 이끌려 일손을 멈추고 지켜보다가 시시각각 변하는 자연을 오래도록 눈에 담고 싶어졌습니다. 그래서 서랍을 뒤져 서둘러 스케치 하고 다음날 캔버스에 옮겨놓고서야 마음이 놓였습니다. 다시는 볼 수 없을 광경을 붓으로라도 멈추게 하고 싶었습니다.

세월이 강물처럼 흘러 어느덧 내 인생도 석양에 이르렀습니다. 스러져가는 석양빛의 변화를 보며 내 인생을 그대로 흘려보낼 수가 없었습니다.

지난 수십 년 동안 세상 속에서 '나'라는 존재가 어떻게 드러나는지 정리하는 마음으로 원고지에 옮겨놓기로 하였습니다.

돌아보면 내 인생의 굽이마다 물살의 소용돌이와 같을 때도 많았습니다. 저는 일본에서 태어나 13세까지 도쿄에서 살며 제2차 세계대전을 겪었습니다. 암울했던 시절, 가족의 생사를 몰라 애태웠던 기억조차도 소중하게 여겨졌습니다.

글을 쓰면서 이루지 못했던 꿈의 부스러기를 줍는 것 같고 잃어버린 나를 다시 찾는 듯 삶의 활력이 용솟음치기도 했습니다. 그러나 어디까지나 저의 개인 사이기에 낱낱이 풀어낸다는 것이 여간 부담스럽지 않았습니다. 그러다가 2012년 가을, 아끼는 벗이 사경을 헤맬 때 절로 시가 쓰였고 자유로워질 수 있었습니다.

부모님을 비롯해서 온가족의 생사를 모르고 살아온 저는 이제사 용기를 내어 내 마음 속 독백을 세상 밖으로 꺼내놓습니다. 이 글의 첫 번째 독자인 자녀들을 비롯해 이 한 권의 시집을 펴내기까지 이끌어주신 모든 분들께 감사한 마음을 전합니다.

작은 꽃다발을 묶듯이 시집을 엮습니다.

2014년 2월 원주에서

김 숙 한

차례

2부 _ 그리움이란

3부 _ 전쟁과 평화

4부 _ 계절의 흐름 속에서

5부 _ 소중한 나의 사람아

6부 _ 오늘이 오기까지

1부 _ 홀로서기

홀로서기

가족들이 각자 둥지를 찾아 떠났다
누군가 문을 열고 들어설 것 같고
공책 넘기는 소리도 들리지만 나는 혼자다
손때 묻은 가구들을 정리하고
트렁크 몇 개에 옷가지를 담는
여행자의 마음이 싫지 않다
오랫동안 내 안에 쌓인
묵은 짐을 내려놓고 떠나는
나그네의 마음이 홀가분하다
어차피 가야할 길을 가볍게
그러나 주고 가고 싶은 것이 있다
시를 적는 것은
나의 모든 것을 두고 가기 위함이다
방랑자의 마음으로 선택한 이 길엔
희망과 그리움이 남아있을 뿐이다

시 읽는 마음

마음을 정리하고 싶을 때
시를 읽는다
동심으로 돌아가고 싶을 때
시를 읽는다

삶의 향기가 그리울 때
어딘가 의지하고 싶을 때
때로는 정직해지고 싶어
시를 읽는다

사랑 희망 기다림 이별을 위해
시를 읽는다

시작詩作

매일 매일 반성문을 쓰듯
시를 짓는다
알게 모르게 짓는 죄
고해소에서 고백성사 하듯
시를 짓는다
얼마만큼 더 살아야 하는지는
주님만이 아시겠지요
때로는 쥐구멍에라도
숨고 싶었던 그 때를
잊기 위해서일까
나에게 시를 짓게 한 동기動機에게
고마워해야 할 것이다

새벽 산책

Ⅰ
새벽 산책에서 만나는
덤불과 돌은 모두 외롭다
수목들은 보이지도 않지만
모두가 기다리는 아침을 만나러
나는 집을 나섰다
숲에서 새벽별을 본다

Ⅱ
호젓한 길섶에 들어서
자연과 함께 아침을 열면
오솔길 옆에 뿌리 내린
가녀린 한 포기 코스모스
동트는 햇살과 미풍에
흔들리고 있다 그리움처럼

신도시에서

허허벌판에 아파트뿐인
일산에 이사 왔을 때
시뻘건 흙투성이 땅은
밤낮없는 공사로
소음의 끝이 보이지 않았다
그래도
새로 심은 어린 나무들
당차고 대견하게 견뎌내고
새벽 자유로도
보석을 깔아놓은 듯
강변을 아름답게 수놓는다

잠 못 이루는 밤

모두가 잠든 밤
베게도 시간도
진통제도 수면제도
나를 깊이 잠들게 해주지 않는다

급기야 책상에 앉았다
바람 앞의 촛불처럼 마음이 흔들리고 있다
아픈 손가락도 잊고 펜을 들었다

병원에 다녀온 지 몇 시간이나 되었을까
나의 감각과 생각이 끝없는 욕망으로 휘달린다
그리고 멈춘다

아침에 일어나보니
책상 위에 알아보기 힘든 글씨로
새로 산 공책들이 만신창이가 되어버렸다
그 시간을 집중할 수 있었다니

정류장과 장의사

정류장이란
오가는 사람들의 사연 안고
만남과 이별 지켜보는 고향역이다

버스를 기다릴 때
상가의 장의사 간판이 눈에 들어온 것은
우연이라기보다 필연이었는지도 모른다

인생의 종착역을 상징하는 사람들에게
만남과 이별을 재현하는 인생극장과 같은 곳에서
죽음을 생각한다는 것은

죽음은 피할 수 없는 종말
죽음 앞에 태연할 수 없는 것이
원초적 본능이라고 했던가

폭설 I

하늘 아래 탁 트인 호수공원
나무마다 순백의 조각들로 서 있다
눈의 무게에 힘겨운 나뭇가지 하나
부러지는 소리에 고요함이 더해지고
누군가의 손길을 기다리는 생명
먼발치서 바라보며 가슴 조이는데
어디선가 나타난 제설차에 안도의 한숨

폭설 II

그 해 겨울은 유난히 많은 눈이 내렸습니다
갑자기 세상과 이별한 벗이 너무 야속해
온몸으로 부딪쳐 아파했습니다
폭설이 내리던 날은
눈의 무게에 힘겨운 나목을 보며
마음 조이던 그 날을 기억합니다
부디 살아있기를

나의 지팡이

무릎이 아파도
일부러 쓰지 않던 지팡이

비장애인에게
지팡이는 호신용 장비지만
노인과 장애인에게는
신체의 일부이다

우연한 사고로 정형외과 신세를 졌다
보조기를 사용하는 환자들의 모습이 낯설지 않다
몸을 보호하는 장비로서 으뜸인 지팡이

이젠 부끄럽지 않고
당당하게 같이 걷는 동반자가 되었다
나의 솔직함과 동련상련의 아픔을 함께하는
든든한 친구가 되었다

삶

지난 겨울은 무섭게 추웠다
통증에 시달리는 나날은 계속되고
눈이 오는 날이 많아
설경 속에 갇혀
봄이 오기를 손꼽아 기다렸다

벚꽃 소식을 기다리며
겨우내 고인 물을 퍼내고
마음을 비우고 나니
봄의 기운으로 외출도 할 수 있었다
어느새 목련이 피고 개나리도 피었다

공기처럼 보이지 않는 빈자리가
행복한 마음으로 사랑의 힘으로
감사하는 날이 늘어간다
나이 먹는다는 것은 축복
예전에는 모르고 살았다

2부 _ 그리움이란

우체국에서

빨간 우체통 속
사랑의 우표 한 장
그리움 담고 왔을까
꽃향기 풍기며 왔을까

세월이 변했는가
세상이 바뀌었는가
그의 사랑 만날 수 있을까

기다림의 세월
사랑과 열정으로 머물렀던
마음의 고향으로
편지를 쓸 수 있을까

우체국에 가면
어딘가에서 엽서를 쓰고 있을
젊은 날 그의 모습을 찾는다

기다림

I

논밭 사이 실개천이 흐르는 외갓집
먼 산과 들판을 향해 걸어가시던
아버지의 뒷모습이 점 하나로 가물거린다

동구 밖에서 배웅하던 아이는
그만 몸부림치며 울어버렸다
며칠 전 현해탄을 건너온 일곱 살배기

말이 통하지 않아
외가의 따뜻함에 안기기보다
천 년의 시간처럼 길었던 어떤 하루

II

그 때 울보였던 아이는
한 어머니가 되어
또 하나의 기다림을 만들었다

일본으로 딸을 유학 보내고
스스로 선택한
공항의 이별과 기다림

편지로 길을 만들고
매일매일 우체부를 기다리며
서정과 열정으로 그 길을 오간다

우정 일기

웅성거리는 지하도 인파 속
그리운 얼굴 하나
1초간 시야에 머문다
희어진 머리카락
세월은 만남과 헤어짐을 반복하네

우체부 발길도 뜸한 곳에서
편지로 이어진 우리의 우정
날마다 활력소인 편지를 쓰고
희망의 끈으로 편지를 적었다
그가 보낸 편지 한 구절 지금도 기억 나

비오는 날 택일하여
진시왕의 허리띠 두르고
불로주 한 잔 하세

POST

첫 만남

논과 밭 산 모두가 은세계
흔적 없는 시골길
내가 먼저 발자국 남기고 싶다
신대륙을 발견한
콜럼버스의 마음을 읽는다
흙에서 농사짓는 정신을 배우며
창조주의 개척정신을 읽는다
시집가던 날 첫발 딛던 오솔길
추억의 사립문을 연다

이사 오던 날

잠결에 들린 빗소리에 눈을 떴다
옛날 시골집 추녀 끝에 떨어지던 빗소리다
소리 없이 속삭이며
차갑고 촉촉하게
장독대 항아리를 씻어내리던 그 빗소리
그 날의 설렘이 지금도 아련하다

외로운 밤

인적이 끊긴 외딴집
삐걱거리는 내 발소리가
밤의 적막을 깨뜨리고 있다
갑자기 정전이 된 창문 사이로
밤이 밀려오고 놀란 마음도 잠시
바깥세상 별들과
지난날 이야기 나누며 향수에 젖는다
둥지에서 추락한 새끼는
다시는 어미 새 품에 돌아오지 않았다
외로운 밤 마음을 열고
자연의 소리를 듣는다
처마 끝에 떨어지는 빗소리
제멋대로 부는 거친 바람에
수돗가 물통들이 구르는 소리
코고는 노파의 숨소리와 아기 숨소리에
안도하며 잠자리에 든다

서정의 마을

새벽닭 울음소리 개구리 울음소리
개울 물소리 원두막 풀벌레소리
비오는 처마 끝 낙숫물소리
탈곡기 소리 가을밤 다듬이소리

지금은 전설이 된 빨래터
찌든 때 빨고 스트레스 풀고
논두렁 개구리 울기 시작하면
농부의 아내는 새참을 날랐다

수확의 계절
황금들판 탈곡기 소리는 신이 내린 교향곡
탈곡기 소리에 가슴 설레며
배고픔 견디던 보릿고개 상처도 씻어내네

농한기엔 집집마다 다듬이소리
오랫동안 갈고닦은 익숙한 장단
호롱불 아래 식구들의 옷을 짓던 그림자
창호지 문에 어른거리던 그 풍경이여

다듬이소리

가을이면 메마른 바람소리
힘없이 바삭이는 가랑잎 소리
정감어린 어머님의 다듬이소리

구겨진 옷감이 펴질 때
고단한 일상들도 기지개를 편다
가을밤을 연주하던 어머님의 다듬이소리

화롯불

금세 눈발이 날릴 것처럼
잿빛 하늘이 가라앉아 있다
오늘 같은 날
화롯불의 추억이라도 꺼내볼까

인두를 꽂고 화롯불 옆에서 바느질하시던 어머니
그 옆에서 책 읽는 아이
화롯불에 구워먹던 감자 고구마 밤
때로는 된장과 김치가 끓고 있는 풍경

손님 찾아오면 언 손 녹이며 정담 나누던 화롯가
불씨를 소중히 여기며 살아오던 여인들이 그립다
화롯불 속 뜨거운 불씨처럼 가족을 지켜주시던
어머니
여인의 그 강인한 향기가

시래기나물

무청 시래기를 엮어 베란다에 매달았다
문 열 때마다 시래기 내음이
온집안 가득 스며든다

정성스레 말려놓은 시래기를 삶아서
갖은 양념을 넣어 무친 한 접시를
대보름날 아침상에 올렸다

대보름을 앞두고 시래기 삶는 냄새가
잡귀를 쫓는다는 속설을 믿는 사람에게
시래기는 나물 이상의 향수이며 그리움이다

늘 그리운 사람

눈감아도 눈을 떠도 생각나는
아름다운 연인
좀 더 일찍 만났더라면
아쉬움이 남지 않을 것을
하루가 멀다고 만나도 늘 반갑던 사람
언제나 웃음으로 친절하게 대하며
나의 아픔 감싸준 당신을 기억합니다
우리는 나리꽃 아지랑이
추억의 그림을 그리면서
함께 울고 함께 웃으며 행복했지요
노년의 나이를 잊게 해준 소중한 벗
언제 다시 만날 수 있을까
만남과 헤어짐을 그려봅니다

3부 _ 전쟁과 평화

40년 만의 해후

공부하는 딸아이 만나러 일본을 찾았다
이 땅과 재회한 순간 악몽이 되살아난다
과거로부터 정지된 채 온몸은 마비가 된 듯하다
가족의 생사도 모른 채 반세기를 살았으니
이보다 더 큰 불효가 없다
그 영혼을 어떻게 위로해드려야 할까
묘비도 없는 부모님 흔적 찾으려 서성이지만
아무것도 찾을 길 없다
하염없는 눈물로 이루어진 40년 만의 해후
도쿄 전쟁기념관
희생자들이 잠든 합동 영전 앞에 엎드려
나는 간절히 빌고 또 빌었다
무고한 희생이 헛되지 않도록
온 세계가 사랑과 평화로 화해의 길을 모색하기를

우에노 공원에서

역사란 변화라는 말 실감나게
도쿄는 새롭게 재건되었다
20층 30층 빌딩 위로
흰 구름이 평화롭게 피어오른다
그러나 소유의 욕망이 사라지지 않는 한
평화가 과연 지속될 수는 있는 걸까
해 질 무렵 우에노 공원을 찾았다
공원 앞 광장 악사들이 발걸음을 멈추게 한다
마감시간을 알리는 음악이 흘러나오고
분수대 물기둥도 낮은 몸짓으로
고별인사를 대신한다
썰물이 빠져나가듯 텅 빈 공원
벤치에 누운 사람들과 아베크족의 모습이
지극히 평화롭다
B29의 폭격으로 숨죽이던 그 날의 기억이
꿈만 같다
죽음은 내 앞에서 망설이다 간 것이다
지금 살고 있는 것이 꿈인지 모른다

영혼의 별빛

세상에 알려지지 않은
수많은 영혼들이
한 줌 재가 되어
우에노 공원에 묻혀있다
수많은 영혼의 빛인 양
캄캄한 밤하늘 별들이
유난히 반짝인다

옛집은 그대로인데

고향 길을 걸으면서
옛사람을 찾을 수 없어 쓸쓸했다
가족의 행방을 모른 채로 옛집 앞에 닿으니
혼란스럽고 당황스럽기까지 하다
그러나 폐허였던 그 자리엔
옛날 모습 그대로 새 집이 서 있다
문패는 다르지만 이럴 수가!
볼을 꼬집고 또 꼬집어본다
앞치마를 두른 어머니가 눈앞에 어른거린다
누군가 뛰어나와 반겨줄 것 같다
착각도 잠시 굳게 닫힌 문을 뒤로 한 채
발길을 돌리지만 감각이 없다

패전을 앞둔 일본

전쟁이 막바지에 다다르자
집집마다 방공호 방화수 등
공습 대비에 분주했다
여학생들은 솜 모자 몸빼바지 차림에
구급약을 갖추고 조를 짜서 등교했다
어린이들도 구국기도에 나섰고
장병들에게 위문편지와 함께
무운을 비는 띠도 만들어 보냈다
전쟁이 격렬해지면서
식량난과 물 부족에 허덕이고
방공호 밑에 방을 만들어 잠을 자기도 했다
가스 공급이 중단되어
숯불로 취사와 난방도 겸하곤 했다
자고 나면 건물들이 보이지 않는 도쿄는
악몽 같았다
삽시간에 불바다로 변하고
죽음의 재로 뒤덮여 밤낮을 구별할 수 없는 거리
만삭이 된 이웃 아주머니의 비명소리까지
그 해 삼월은 잔인했다
빨갛게 타오르는 대지는 하늘을 핏빛으로 물들였다

아버지의 추억

Ⅰ. 휘파람 소리

전시戰時 식량난 속에
아버지는 날마다 자전거를 타고
지방으로 나가 쌀을 구해오셨다
아버지는 집에 오실 때면 언제나
휘파람소리를 내곤 하셨다
전쟁의 두려움을 잊게 해주고
든든하게 우리를 지켜주던
아버지의 휘파람소리

Ⅱ. 하모니카 소리

어린 시절 나는
아버지가 불어준 하모니카 소리에 잠들었다
전쟁으로 암울한 시대
달콤한 잠에 빠져들게 하던 경쾌한 멜로디
그 동안 까맣게 잊고 살다가
이제 팔순의 나이가 되어
새삼 그 소리가 듣고 싶어 귀를 기울인다
어디선가 들려올 것 같은
아버지의 하모니카 소리

어머니와 센닌바리千人針

어머니는 손재주가 좋으셨다
정성껏 뜨개질 해주신 스웨터를 입으면
조센진이라 학대받던 괴로움과 외로움도
잊을 수 있었다
그러나 전쟁은 그마저도 앗아갔다

호랑이가 그려진 긴 천에
붉은 실로 한 땀 뜨던 호랑이띠 어머니
센닌바리 품앗이 장면이 어제인 듯 떠오른다

천 명의 여인들이 천 개의 매듭을 지어 만든
센닌바리를 군인들에게 보내면
적의 포탄 속에서도 목숨을 지킬 수 있다고 했는데
그 간절한 바람은 이루어졌을까

호루라기와 지평선

1945년 3월
시시각각 공습 상황을 알려주던 아버지의
다급한 호루라기 소리와 함께
세 아이를 품에 안은 어머니 모습이 일순 사라졌다
잠자던 여동생을 업고 정신없이 달려간 곳이
내가 다니던 학교 교실이었다
한 차례 폭격이 지난 후 머리를 들어보니
마을은 흔적도 없이 사라지고
저 멀리 지평선이 보였다
도쿄대공습으로
10만 명이 넘는 사람들이 목숨을 잃었다
아직도 나의 기억은
구사일생으로 살아났던 열세 살 때
혼죠구本所区 중화소학교中和小学校
골목 언저리를 맴돌고 있다

* 혼죠구(本所区) : 현재는 스미다가와구(隅田川区)로 명칭이 바뀌었음.

흰 구름

푸른 하늘은 나의 안식처
햇빛 받아 떠도는 뭉게구름은
전쟁의 상처 속에 살아가는 사람들
낯선 땅에서 이방인이던 나는
하늘을 향해 이야기하고
흰 구름 보며 기도했다
나는 하늘에 멋진 궁전이 있을 거라 믿었다
선녀들이 나를 초대할 거라 꿈꾸었고
우리 식구 죽지 않고 살게 해달라고 빌었다
뭉게구름이 없었다면
그 삭막했던 시절을 어떻게 견디었을까
골목길 모퉁이 담벼락에 기대서 우러러보던 하늘
방랑의 조각을 모아 퍼즐로 맞춰본다
수풀에는 바람소리 새소리
그들은 지금 어디에?

나팔꽃 풍선

홀연히 피어난 한 송이 나팔꽃
어린 시절 골목길에서 풍선놀이 했었지
장난감이 귀한 시대 그 시절 아이들은
외로움과 상처를 나팔꽃 풍선에 실어 보냈지
지금도 시든 꽃을 따 꽃 풍선을 만들어 불어본다

* 나팔꽃 풍선놀이
꽃이 시들면 오므라든 꽃잎을 풍선처럼 불며 노는 놀이

스미다가와 불꽃축제

유년의 추억을 찾으러
스미다가와구隅田川区 중화소학교中和小学校를
찾았다
손자 손녀뻘 학생들이 귀가하고 있었다

내가 너희들 선배야
아는 척하고 싶었지만
눈 맞춤으로 인사를 대신했다

도쿄는 몰라보게 정리되고
사람들은 미소를 잃지 않는 평화로운 모습이다
이제는 악몽에서 깨어나야겠다

총천연색 불꽃이 호숫가 밤하늘로 퍼져간다
이 땅과 화해의 시간을 만들어준
찬란한 불꽃 같은 하루가 백년처럼 흐르고 있다

4부 _ 계절의 흐름 속에서

봄

긴 겨울이 지났다
봄비가 보슬보슬 내린다
앞산에 핀 벚꽃이
구름송이처럼 떠 있는 것이 보기 좋다
먼발치에서도 손에 만져질 것 같은 촉감이다
한 계절을 축하하기 위해
피어난 아름다운 꽃들에게
나도 축하의 메지지를 보내고 싶다
내 안의 바리케이드를 걷어내고
창밖 멀리 벚꽃들을 향해 걸어간다
마음껏 보았지만 비로소 처음 본
솜사탕 같은 꽃구름을 만져보며
마음의 싹을 틔운다
나의 웃음 찾아준 그들에게
나도 한 그루 나무가 되어 벗해줄까

초록의 메시지

지금 앞산에는 아기 초록들의 잔치가 한창입니다
가까이 있는 초록 가족들도
목련과 개나리도
축하인사를 보내고 있습니다
봄바람이 아기 초록들에게
곤지곤지 도리도리 잼잼 춤을 추게 합니다
진초록 윙크의 메시지가 도착했습니다
머잖아 온갖 꽃들이 다투어 잔치를 벌일 것입니다

젊음의 축제

저만치 함성소리 오월 밤의 축제
노년의 가슴도 어느새 대열에 합류해
나를 바라보다가 그만 제자리로 돌아왔다
오월 숲의 향기 식을 줄 모르는 열기
아직도 내 가슴 속 축제는 끝나지 않았는데

오월의 용평

케이블카에서 내려다본 산등성이에는
녹음이 곱게 물들어 있다
이름 모를 꽃들과
은행색 연두색 짙푸른 소나무의 앙상블
초록빛 향기 속에 옛사랑이 떠올라
애달픈 그리움을 어느 초원에 두고 갈까

그림 속 기다림

쪽빛 바다를 배경으로
수평선 멀리 떠 있는 한 척의 배
뭍에서 바라보는
한 선비의 뒷모습이 쓸쓸하다
아니면 희망으로 거듭나는 기다림일까
망망대해 위에 점 하나로 떠 있는 유배지 그림
그 절실한 '기다림' 앞에서 발을 뗄 수가 없다
여름비가 내리는 갤러리
아름다운 성찬에 초대받아 행복하다

정동진 바다

푸르름을 보는 것만으로도
시원함을 느낄 수 있는 바다

거센 해풍으로 휘어질 것 같은
작은 소나무 한 그루

금세 파도가 덮칠 것 같은 모습이지만
바다를 배경으로 바람과 맞선
소나무의 강인함은 비장하기도 하다

한낮의 열기가 식지 않은 모래밭
발을 디딜 때마다
따뜻함이 발가락 사이로 빠져나간다
그 촉감이 어머니 품을 떠올리게 하는 걸까

어둠이 진할수록 빛은 선명해진다는 것을
농밀한 여름밤 파도소리에게서 듣는다

스마트폰 사진기

낯선 이곳에서
스마트폰 사진기는
얼마나 좋은 친구인가
여름이 가고
파란 하늘 흰 구름이
말할 수 없이 아름다운 풍경들을
시를 짓듯이 카메라에 담는다
사랑의 샘물을 발견하듯이
은행잎이 곱게 물든 숲길에
마음의 짐을 내려놓는다
어느 샌가 떨어진 은행잎을 밟으면서
그것도 카메라에 찰칵!

가을 호수

푸른 가을 하늘을 담고 있는
맑은 호수를 바라보면서
행복함을 느낀다
오리 떼가 물살을 가르며 간다
한 폭의 그림이다
호숫가에서 가까운 찻집을 찾아
대학생들과 마주앉아 마시는 카푸치노 한 잔에
낭만이 서린다

성지의 가을

성지순례길
십자가 14처에서
엄숙히 마음을 모은다
저만치 알밤 떨어지는 소리
정적을 깨고
알밤 줍는 수녀님을 명화처럼 바라본다
수녀님이 처음 주운 거라며
내 손에 알밤을 쥐어준다
이 속에 무슨 비밀이 있을까?
알밤을 소중히 챙기며
기도하는 마음으로 하산한다
신부님의 강론도 시처럼 들리는
나의 잠든 영혼을 깨우쳐준 성지의 가을
손바닥 위로 살며시 알밤을 굴려본다

11월

푸른 잎을 떨군 나뭇가지들
1년이 기우는 죽음에 가까운 달
은혜와 축복을 느끼며 최선을 다하는
인생의 완성을 위한 기도와 사랑의 시기

집 앞 가로수 하나에도 마음이 머무는 11월
천수를 누린 사람의 장례식은 호상이라는데
죽음!
되돌릴 수 없는 욕심 없는 자유인가?
축제인가?

어린아이와 같아야 천국에 갈 수 있음을 되새긴다

5부 _ 소중한 나의 사람아

어버이날

5월 8일 새벽 7시

'사랑하는 엄마
절 이렇게 키워주셔서
감사합니다
꽃 선물 못 드려서 죄송해요'

신선한 새벽공기 타고
그 마음이 날아왔다
꽃보다 더 아름다운 마음
피어나고 있네
보라색 향기와 함께

고마워 사랑해

소포를 부치고

무청김치 담그던 날
그리운 얼굴 떠올리며
우체국에 간다
김치 보따리 품에 안고
가을비 내리는 길을 걸었다

소포를 부치는 사람들 사이에서
메모를 적는다
'가을비 내리는 우체국에서'

다음날 소포를 받은 딸은
연인에게서 온 선물보다 반갑다며
김치보다 메모 예찬
그냥 보낼 걸 그랬나 싶으면서도
사랑의 메시지에 가슴이 따뜻해진다

선물의 의미

내 생일날
며느리가 보낸 선물을
우체부로부터 받았다

어머니 생신을 축하합니다
늘 건강하시고
만수의 복을 누리시기를 빕니다

화답의 문자를 보냈다

고마워!
온가족이 건강하게 살자
그리고 사랑한다는 것을 잊지 않는다

보석 같은 손녀를 안겨준 아들과 며느리
며느리는 하늘에서 내리는 선물이라더니

아기 천사

아가야 우리 집에 와줘서 고마워!
신생아실에서 막 세상을 향해
예쁜 눈짓 보내는 천사
숨소리조차 듣기 조심스러워
가만히 가슴에 품어본다

오래 전부터 알고 지낸 것처럼
낯설지 않은 모습이 더없이 행복했어

아가야 어서 오너라 어디 갔다 이제 왔니?
금방이라도 화답의 미소를 지을 것처럼
나와 눈 맞춤을 한다
새로운 세상 속으로 힘차게 들어와서
나의 친구가 되어주렴

민서에게

2012년 5월 1일 초등학교 운동장
학년 대표로 모범상을 받는 손녀
민서야 참 잘했어!

5월은 아름다운 꽃들이 피어나는 달
사랑의 기쁨으로 영글어
이웃사람에게 향기를 나눠주는
건강하고 멋진 사람으로 자라거라

너의 씩씩한 모습 카메라에 담으며
할머니는 나이를 잊는단다

새싹들의 졸업식

앙증맞은 학사복에 모자를 쓴 새싹들
애교 있는 노랫소리가
졸업식을 더없이 빛내고 있어요
혜서야 우수상 책읽기상 축하해!
정성들인 예쁜 꽃다발을 안겨주었습니다
이제 초등학교 입학식이 기다리네요

할머니의 일인극

어느 날 예쁜 아이의 눈에서 눈물을 보았습니다
할머니는 손녀가 보고 싶어서 왔는데
몹시 당황스러웠습니다
그 때 동생이 손으로 쉿! 하며
무언의 신호를 보내고 나갔습니다
무슨 일인지 짐작이 갔지만
아이를 달래주기가 여간 어려운 일이 아니었어요
할머니는 고민 끝에
어린 시절 일인극을 생각해냈습니다
양손으로 나무를 만들고 팔을 벌려
나무가족 이야기를 해주었습니다
'나무는 아빠 엄마의 몸이고 가지는 너희들이란다'
다 듣고 난 아이들 표정이 환해지더니
미소가 번졌습니다
갑자기 엄마에게 달려가 안긴 모습이
정말 감동이었어요
할머니의 손짓 발짓 일인극이 재미있었나 봅니다

나의 손녀들

아이들은 순수하다
칭얼대며 보채다가도 옛이야기를 들려주면
호기심어린 눈으로 재미있게 들어주곤 했다

큰아들네 둘째 손녀는
아빠 얼굴조차 모르는데도
동화 속 소공녀가 되어 아빠를 그리워했다

큰 손녀를 키운 지 20년이 지나
또 다른 손녀를 보았다
둘째 아들에게서 또 다른 손녀가 태어난 것이다

이제 삼십이 넘은 손녀와는
친구처럼 속마음을 함께 나누기도 하고,
아홉 살, 여섯 살배기 어린 손녀들의 재롱에
시간 가는 줄 모른다

내 인생에서 손녀들이 준 기쁨은
무엇과도 비교할 수 없는 추억이고 보물이다
참 감사하고 행복하다

행복의 집

하늘 아래 행복한 곳은
가족이 있는 나의 집입니다
온몸으로 감싸 안아주고픈 아이들에게
사랑의 노래를 연주하겠습니다
그 행복 목숨 걸고 지키고 싶은 할미의 마음
연주하며 기도하겠습니다
평생이 이루어야할 꿈이라면

웃음꽃

한여름 더위를 식혀주듯
청량제 같은 이야기꽃 피울 때
잠시 마주치는 표정과 눈빛
소박한 미소가 아름다워
베란다에 놀러오는 비둘기 돌보며
소일하는 할머니는
비둘기의 사랑 이야기 할 땐
수줍게 얼굴 붉히는 팔순 소녀
그 설렘 전해져 나도 슬며시 웃음 짓네

6부 _ 오늘이 오기까지

스케치

풍성한 가을 들판
논과 밭 사이에서
스케치 준비 중이다
그림의 소재를 찾고
낭만의 구도를 잡는다
하늘 끝 가까운 전봇대
저 멀리 수로가 보이는
마을의 나무들이 하나씩 둘씩
화폭에서 살아나고 있다
들판에서 새참 먹는 농부의 모습이
캔버스로 옮겨지고 있다
미지의 세상으로 들어가
호기심을 그린다

동심

거꾸로 가는 세상을 그려보자
바람 한 점 없는 날 호숫가는
그대로 거울이 되고
하늘 구름 나무 고층건물들
그림의 소재가 된다
호숫가에서 자전거 타는 사람들
모두가 거꾸로 달린다
거꾸로 가는 세상에서
어른이 아이가 되는 행복을 만난다

석양빛 아름다운 하늘

시시각각 변하는 구름의 황홀함을 바라보면서
문득 사진기가 없다는 것이 아쉬워졌습니다
아름다운 풍경을 흘려버릴 수 없다는 생각에
붓과 물감을 찾아 그림을 그려보기로 했습니다
색깔을 바꿔가며 그리다가
다음 날 캔버스에 옮겨놓고서야
새삼 시간의 흐름을 실감합니다
내 인생을 노을에 비유하는
그림을 그릴 수 있다는 것이
쉼 없이 흐르고 있는 자연을
붙잡아둘 수 있다는 것이

새벽

자연이 주는 편안함은
아침햇살에서 열린다
이슬 머금은 풀잎
산새들의 노래

소나무 도토리나무 아카시아나무
사이로 걷노라면
까치와 다람쥐는 물론 미생물까지
한데 호흡하고 있다

나를 찾아가는 명상의 시간

상추밭

그 길에 들어선 것은 우연이었을까
상추 고추 호박을 심은 텃밭을 발견했다

싱그러운 흙내음 속에
텃밭을 꽃처럼 아름답게 가꾼 사람
언제나 손에서 호미가 떠나지 않는 노인에게선
소박함과 정직함이 묻어났다

잠시 등 굽은 허리 빛바랜 옷에
연민을 느낀 게 미안함이 될 줄이야
예쁜 상추를 받고 나는
상추밭을 향해 고개를 숙였다

상추같은 푸른 사랑 고맙습니다

가을음악회

음악회 표를 얻었다
모처럼 관객이 되어
가을의 풍성함을 얻는다
성악가의 화음으로 희로애락 승화되고
그들에게 보내는 청중의 박수소리는
모두가 하나 되게 한다
음악은 영혼을 움직이는 천사의 언어라는
팸플릿 글귀가 잊히지 않는다

금강산 꽃길

금강산 가는 길은 철조망길
실향민에게는 그리운 옛길이련만
붉은 깃발 눈에 비칠 때마다
체제의 낯섦에 섬뜩해진다
신의 조각이라던 바위에 새겨진 붉은 구호엔
반가움보다 두려움이 앞선다

반세기 만에 열린 금강산 여행길

미지의 세계에 대한 호기심으로
저만치 천선대를 오르는 우리 일행의
알록달록한 빛깔이 금강산에 온기를 불어넣어
생명의 꽃으로 피어나고 있다
이 꽃길로 인간 띠가 되어
남북이 하나로 이어졌으면

욕심

10년이면 강산이 변한다는 옛말
산천이 수만 번 바뀌어도 변하지 않는 것은 욕심

흥부네 기적이 아름다운 전설로 남아있지만
개미와 베짱이 이야기는 생소하다

놀고먹는 베짱이가 바이올린으로 일약 스타가 되고
개미는 일만 하다 허리를 다쳤다나 뭐라나

놀고먹는 베짱이와 일개미의 노력이
뒤바뀌어 평가되는 현실의 아이러니

기쁨이 나에게 오면

기쁨이 나에게 오면
모든 아픔을 잊게 하네요
기쁨이 나에게 오면
사랑이 용솟음쳐 행복하고
기쁨이 나에게 오면
나는 요리사가 되지요
맛도 좋고 몸에도 좋은
세상에서 제일 맛있는
음식을 만들어
기쁨이 내게로 오면
나는 친구가 되어
맛있는 요리를 먹으면서
즐거운 이야기를 하겠어요

묵주의 기도

낯설게만 여겨졌던 나의 기도생활

진주알 같은 묵주를 신부님께 축성 받던 날
비단같이 고운 하늘을 우러러
사랑의 고백을 했습니다

시를 짓듯이 서성거리며
외롭게 소곤대는 기도를 하기 위해
오늘이 오기까지

사람들은 그 풍성했던 나무의
뜨거웠던 한여름을

얼마나 기억할 수 있을까

석양빛 아름다운 하늘

시집을 엮고

추억의 진실을 발명하며 나날이 축복같은 삶을

황인우(한국아나운서클럽회보 편집장)

내가 김숙한 여사를 처음 뵌 것은 1973년 가을, 고1 때 친구인 현숙이의 생일파티 때였다. 연보랏빛 롱드레스 차림으로 우릴 맞아주시고 딸의 친구들과 스스럼없이 놀아주시던 '코스모스 같은 현숙이 엄마'에게 깊은 인상을 받았다.

그 후로도 김숙한 여사는 여전히 고운 모습과 소녀 같은 감성으로 우리와 친구처럼 지내신다. 자주 뵙지는 못 하지만 마음의 끈은 놓지 않고 있기에 언제나 살갑다.

최근 건강이 좋지 않으시다는 소식에 맘이 쓰이던 차 친구가 있는 원주로 거처를 옮기셨다는 연락을 받고 찾아뵈었다. 낯선 곳이지만 사랑하는 딸 곁에서 새로운 즐거움을 찾으며 건강하게 지내시는 것 같아 한결 마음이 놓였다.

그 때 처음으로 습작 시 묶음을 보게 되었다. 노년에도 수필과 그림을 배우며 의미 있는 시간을 보내신다는 걸 익히 알고 있었는데 그동안 시도 써오셨던 것이다.

언뜻 보기에도 나이 듦에 관한 관조는 물론 전쟁의 피해자로서 서사성이 예사롭지 않았다. '우리 한국에도 근사한 할머니 시인이 계시다!'라고 만방에 외치고 싶었다.

나는 가족 문집이 아니라 시집으로 공개할 만한 충분한 가치가 있다고 소감을 말씀드렸다. 결국 잘 알고 지낸 내가 맡아달라고 하시기에 겁 없이 나서서 직접 작업하신 그림과 사진을 엮어 꾸며보았다.

에릭 에릭슨은 '제대로 노년을 보내려면 과거를 성숙하고 지혜롭게 회상할 필요가 있다'고 했다. 또한 '노년기를 성공적으로 항해하는 데 필요한 것으로 인류와 관계 맺기, 추억의 진실을 발명하기' 등을 꼽았다.

시집을 엮으며 그 말에 실로 부합되는 김숙한 여사의 삶의 지혜에 탄복하지 않을 수 없었다. 이 시집을 통해 '열린 사고를 갖고 긍정적으로 지내면, 사는 것은 나날이 축복' 임을 깨닫게 되기를!

2014년 4월

오늘이 오기까지